Habitants d'Outines,

Une explication entre nous me paraît nécessaire.

Le procès des enfants Corbet avec la commune a donné lieu sur mon compte à des propos malveillants.

Je ne puis tolérer davantage qu'on dénature mes intentions et mes actes.

Un exposé loyal de toutes les phases de ce procès vous montrera que les reproches formulés contre moi ont surtout pour but de dissimuler les fautes commises par la Municipalité.

Les préliminaires de ce procès sont peu connus de la plupart d'entre vous. Il importe de les rappeler ici dans tous leurs détails.

Mlle Mougin avait choisi M. Jean-Baptiste Corbet pour son exécuteur testamentaire et l'avait chargé notamment de remettre une somme de 3,000 francs à la commune qu'il lui plairait de choisir. Il était dit

en outre, dans le testament que cette somme serait
employée à l'entretien d'une institutrice de la communauté de Portieux. Après le décès de Mlle Mougin
survenu en 1843, M. Corbet désigna la commune
d'Outines pour bénéficier de ce legs, qui fut régulière-
ment accepté.

En 1862, M. et Mme Jean-Baptiste Corbet donnè-
rent, d'autre part, à la commune d'Outines une
maison pour être affectée à l'installation d'une école de
filles, sous la condition que l'institutrice serait une
religieuse.

Au mois de septembre 1884 on fit signer une
pétition par plusieurs habitants, afin d'obtenir le
remplacement de l'institutrice Sœur Marie-Thérèse.
La Supérieure du Couvent de Portieux offrit d'abord
une autre institutrice, ayant les qualités requises par
la loi, pour donner l'enseignement primaire ; puis ne
recevant pas de réponse à cette proposition elle déclara
que la Communauté était dans la nécessité de renoncer
à l'école publique d'Outines.

M. le Préfet invita le Maire à s'adresser à d'autres
Communautés religieuses. Appelé à donner son avis,

ᴌe Conseil municipal prit une délibération par laquelle il chargeait *d'urgence* le Maire de faire les démarches *nécessaires* afin d'obtenir une institutrice, soit dans une Congrégation, soit dans une autre.

Comment cette délibération fut-elle exécutée par le Maire ? Il resta huit jours entiers sans faire auucne démarche alors que le Conseil municipal avait déclaré l'*urgence*. Le neuvième jour seulement (1er novembre 1884), il envoya une dépêche télégraphique à quatre Communautés. Quelques heures après il avait quatre réponses négatives. Il fallait s'y attendre ; une question de cette nature ne se traite pas au moyen du télégraphe.

Le lendemain (2 novembre 1884), M. le Maire réunit le Conseil municipal, et sur le registre des délibérations on lit ceci : « Le Président a fait connaitre « qu'il avait *écrit* aux Supérieures de. . . . . . . « qu'il avait reçu de toutes ces Congrégations des « réponses négatives, c'est-à-dire que ses *démarches* « n'avaient abouti à aucun résultat. » M. le Maire comprenait bien que des dépêches télégraphiques, envoyées tardivement, ne constituaient pas des démarches sérieuses, aussi a-t-il eu soin de faire insérer dans la délibération qu'il avait *écrit* et non pas *télégra-phié.*

Les membres du Conseil municipal ont-ils été induits en erreur, ou savaient-ils à quoi s'en tenir sur la valeur des prétendues démarches faites par la Municipalité ? Je ne saurais me prononcer sur ce point, toujours est-il que, séance tenante, on décida qu'il y avait lieu de prier l'Administration de nommer une institutrice laïque pour diriger l'école des filles.

Le même jour (2 novembre 1884), M. le Maire m'écrivit pour m'annoncer la mesure prise par le Conseil municipal, ajoutant qu'il la considérait comme devant être provisoire. J'accusai réception à M. le Maire de sa lettre.

Six mois plus tard, dans le courant du mois d'avril 1885, préoccupé de faire réintégrer une institutrice religieuse à Outines, j'adressai la lettre suivante à M. le Maire :

« Monsieur le Maire,

« Par votre lettre du 2 novembre 1884 vous
« m'avez fait connaître qu'à raison de l'impossibilité
« dans laquelle vous vous trouvez à ce moment d'ob-

« tenir une institutrice religieuse, vous aviez été con-
« traint par les évènements d'accepter la nomination
« d'une institutrice laïque. Vous terminiez votre lettre
« en m'exprimant l'espoir que je comprendrais votre
« situation et ne désapprouverais pas cette mesure
« que *vous supposiez devoir être provisoire.*

« Il m'était impossible de vous faire une réponse
« aussi nette que je l'aurais désiré, parce que les dis-
« positions de l'article 464 du Code civil ne me per-
« mettaient pas d'acquiescer à votre demande sans
« l'autorisation du conseil de famille, et qu'il été con-
« venable, dans la circonstance, de faire abstraction de
« de mes principes personnels pour me conformer aux
« sentiments traditionnels de la famille Corbet.

« Cependant je pouvais tolérer momentanément
« ce que je n'avais pas le droit d'autoriser ; c'est ce
« que j'ai fait jusqu'à ce jour en ne suscitant aucune
« difficulté à la commune au sujet de l'exécution des
« donations de Mme Corbet et de Mlle Mougin.

« Mais vous comprendrez qu'il ne m'est pas pos-
« sible de rester plus longtemps dans le *statu quo*
« sans compromettre les intérêts qui me sont confiés,

« c'est-à-dire sans engager ma responsabilité comme
« tuteur.

« Je n'ai pas cru devoir encore saisir le conseil
« de famille de cette question. J'espère même qu'il sera
« inutile de recourir à lui, si l'installation d'une insti-
« tutrice laïque à Outines ne doit être que provisoire.
« Mais pour éviter, au mois d'octobre prochain, l'impos-
« sibilité où vous avez été de vous procurer une
« religieuse en temps utile, vous jugerez sans doute
« convenable de prendre, dès maintenant, les mesures
« nécessaires pour obtenir l'engagement d'une Com-
« munauté de vous envoyer, à la rentrée scolaire, un
« sujet réunissant toutes les garanties désirables.
« *Si je puis vous être utile pour vous aider dans vos*
« *recherches à ce sujet, je me mets entièrement à*
« *votre disposition.* »

Quoique cette lettre comportât une réponse, M. le
Maire ne me répondit pas.

Pendant les vacances de 1885, l'institutrice quitta
l'enseignement pour se marier. C'était une excellente
occasion pour revenir à une institutrice religieuse. La
Municipalité ne tenta aucune démarche dans ce but.
Une nouvelle institutrice fut nommée. Je commençai

dès lors à croire qu'on m'avait trompé en me faisant
espérer que la laïcisation ne serait qu'une mesure
provisoire. Afin d'être édifié sur ce point, j'écrivis de
nouveau à M. le Maire, en novembre 1885, dans les
termes suivants :

« Monsieur le Maire,

« Permettez-moi de vous entretenir une dernière
« fois de la question relative à l'institutrice d'Outines.
« Je vous rappellerai d'abord les termes de la lettre
« que je vous écrivais dans le courant de l'été dernier.
« Je vous exposais que je ne pouvais, en qualité de
« tuteur, autoriser la substitution d'une institutrice
« laïque à une institutrice religieuse ; j'ajoutais que je
« pouvais néanmoins tolérer la situation actuelle si
« elle ne devait être que provisoire, comme me le fai-
« sait espérer votre lettre du 2 novembre 1884. Je
« vous offrais enfin de faire, de mon côté, les démar-
« ches nécessaires pour procurer à la commune une
« institutrice religieuse réunissant les qualités désira-
« bles. Vous n'avez pas cru devoir répondre à cette
« lettre ; et ce sont des conversations privées avec des
« habitants d'Outines qui m'ont appris que le Conseil
« municipal avait discuté cette question au mois de

« Mai sans prendre de délibération écrite à cet égard.

« Une nouvelle année scolaire vient de commencer
« et aucune mesure n'a été prise, depuis un an, pour
« mettre un terme à une situation que vous supposiez
« devoir être provisoire et que j'avais acceptée à cette
« condition.

« Vous ne serez donc pas surpris que, dans ces
« conditions, je prenne, sans plus tarder, les précau-
« tions nécessaires pour sauvegarder les intérêts qui
« me sont confiés. J'ai consulté les plus proches
« parents des mineurs Corbet ; tous sont d'avis que
« les donations faites par la famille Corbet et Mlle
« Mougin doivent recevoir leur exécution strictement
« conforme aux vœux des donateurs dont la volonté
« était de créer une école dirigée par une institutrice
« religieuse.

« Je vous serais obligé de vouloir bien soumettre
« ces considérations au Conseil municipal à sa pro-
« chaine réunion et le prier de prendre une délibéra-
« tion régulière sur cet objet. Si le Conseil s'engage
« par cette délibération à remplir, dans un délai qui
« n'excédera pas six mois, toutes les formalités néces-
« saires pour rétablir une institutrice religieuse au

« plus tard à la rentrée des classes de 1886, j'obser-
« verai la réserve que j'ai gardée jusqu'à ce jour
« concernant cette question délicate. Dans le cas
« contraire je serais obligé de recourir aux voies judi-
« ciaires. »

Cette lettre, comme la précédente, est restée sans
réponse de M. le Maire. A-t elle été communiquée au
Conseil municipal comme j'en exprimais le désir ? Je
l'ignore ; le registre des délibérations ne contient rien
à cet égard.

Il semble que j'avais épuisé tous les moyens de
conciliation. Cependant j'attendis encore 21 mois avant
de faire un procès à la commune. Mon assignation
devant le tribunal de Vitry est du 31 mai 1887.
J'espérais toujours que, dans cet intervalle, des arran.
gements amiables pourraient avoir lieu. J'ai attendu en
vain ; la Municipalité ne me fit aucune proposition.
Quant à moi, (tout le monde en conviendra) il n'était
pas possible que je fasse de nouvelles tentatives auprès
d'un Maire qui n'avait pas daigné répondre à mes
lettres.

Telles sont les origines du procès.

Ses résultats, vous les connaissez : le tribunal a donné acte à la commune de son abandon de l'ancienne maison d'école et déclaré suffisantes les offres faites au nom des mineurs Corbet pour le paiement de la plus-value résultant des travaux exécutés dans ladite maison. D'autre part, la commune fut condamnée à la restitution des 3,000 fr. du legs Mougin, à 500 fr. de dommages-intérêts, à tous les frais et aux intérêts de droit.

Dès que j'eus connaissance de cette décision, j'annonçai mon projet d'employer le revenu des 3,000 fr. à des œuvres de nature à réaliser les intentions de Mlle Mougin. L'ensemble de ses dispositions testamentaires nous montre la testatrice surtout préoccupée de secourir les indigents et de développer l'enseignement religieux.

Tout d'abord en ce qui concerne l'enseignement religieux une occasion inattendue s'offrit de répondre aux vœux de Mlle Mougin. Pour donner l'instruction religieuse à vos enfants et porter les secours spirituels à vos malades, l'évêché venait de déléguer M. le curé de Drosnay à la condition qu'une indemnité lui serait allouée par la commune. Le Conseil municipal avait répondu que l'état de son budget s'opposait à ce qu'il votât des fonds pour cet objet. Je pris alors l'engagement de prélever sur les intérêts à provenir du legs Mougin une somme de 100 francs par an afin de suppléer à la pénurie déclarée des ressources communales. Quant aux indigents, le surplus desdits intérêts devait leur être attribué. Le décès de M. le curé Vuillaume aura pour effet sans doute de modifier cette situation. J'espère que bientôt la totalité des intérêts devenue disponnible pourra être distribuée sous forme de secours.

En disposant ainsi de ces intérêts j'excède mes droits d'administrateur ; mais je connais assez les enfants Corbet pour être assuré que, fidèles aux traditions charitables de leur famille, ils ratifieront, à leur majorité, ce que je fais aujourd'hui.

Pendant 40 ans la commune a joui d'un revenu annuel de 150 francs grâce à M. Corbet qui l'avait choisie pour bénéficier du legs de Mlle Mougin. Obligés de faire un procès parce que les conditions du legs n'ont pas été respectées, les descendants de M. Corbet ont repris d'une main ce qui leur était dû légalement, pour rendre de l'autre ce qu'ils pouvaient légitimement conserver.

A la suite de ces faits il est assez étrange d'entendre dire que la famille Corbet veut ruiner la commune. En tenant de semblables propos, les uns sont de bonne foi, ils ont été trompés. Pour les autres il n'en est pas de même. Aux premiers il suffira, je pense, de lire ce qui précède pour reconnaître leur erreur. Aux autres il ne faut pas craindre de répondre : Si les finances communales sont aujoud'hui compromises, la faute en est à ceux qui ont payé 1,500 francs, pour le compte de la commune, un terrain qui ne vaut pas 800 francs ; à ceux qui font construire une maison d'école de 15,000 francs (si les devis ne sont pas dépassés), alors qu'ils pouvaient en acheter une, mieux située et plus convenable, moyennant 6,000 francs environ.

A part ces actes de prodigalité notoire dont les contribuables trouveront, pendant longtemps, les traces sur leur bordereau, il existe d'autres actes de mauvaise administration que j'ai pu constater et sur lesquels j'appelle votre attention.

Dès l'origine, le Conseil municipal avait déclaré renoncer à la maison donnée par les époux Corbet, parce que son état actuel exigeait des améliorations trop importantes. Quel était le devoir du Maire dans la circonstance ? Il devait me donner connaissance de la résolution du Conseil municipal et me faire remettre les clefs afin que je puisse reprendre possession de cet immeuble. Au lieu d'agir ainsi, la Municipalité fit fermer les portes et les fenêtres de l'ancienne maison d'école qui fut abandonnée, pendant plus de trois ans, à toutes les intempéries avec la plupart de ses vitres brisées. Ces actes de négligence ou de mauvais vouloir devaient coûter cher à la commune, car ils ont paru suffisants au tribunal pour motiver une condamnation à 500 francs de dommages-intérêts.

La même incurie s'est manifestée pour l'exécution du jugement. Dès le mois de juillet dernier le receveur municipal avait en caisse les fonds nécessaires pour acquitter le montant des condamnations. Il s'empressa de réclamer au Maire la copie du jugement ; cette pièce de comptabilité était indispensable pour effectuer le paiement. Ladite copie de jugement pouvait être produite dans les trois jours par le Maire ; six semaines plus tard le receveur municipal ne l'avait pas encore reçue. Le mandat de paiement aurait pu être établi le 11 août ; il ne l'a été que le 10 Septembre. Il en est résulté que des capitaux improductifs sont restés en caisse pendant un mois, tandis que la dette qu'ils avaient pour objet d'éteindre portait des intérêts à 5 %. Les intérêts d'un mois représentaient, dans l'espèce, 12 fr. 50 centimes. C'est peu de chose dira-t-on ; mais des pertes de cette nature accumulées finiraient par occasionner de sérieux préjudices à la commune. D'ailleurs, si par mes réclamations comminatoires, je n'avais pas contraint M. le Maire de s'exécuter, les intérêts, faute de paiement, auraient pu courir long-temps encore.

Enfin, quand le mandat me fut délivré par le maire je m'aperçus qu'il contenait une erreur de 23 fr. 53 centimes au préjudice de la commune ! Cette erreur fut rectifiée sur mon observation.

Protester contre les abus c'est quelquefois en pré-venir le retour. A ce point de vue mes critiques ne seront peut-être pas de simples représailles.

Les inimitiés de mes détracteurs vont redoubler que m'importe si j'ai mérité l'approbation des con-tribuables dont j'aurai servi les intérêts en défendant les miens.

Cependant, qu'on ne s'y trompe pas, mon but en

écrivant ces lignes n'est pas de chercher la popularité dans la voie de l'opposition. Mon ambition n'a amais été tournée de ce côté. La popularité a des exigences incompatibles avec l'indépendance de mon caractère.

Je publie ce mémoire afin de fixer pour l'avenir l'exactitude des faits qui y sont relatés ; moins soucieux de justifier ma conduite que d'étouffer à sa naissance une calomnie dont les enfants Corbet auraient pu devenir victimes. Je puis dédaigner les attaques dirigées contre moi seul ; il en est autrement lorsqu'elles peuvent atteindre une famille dont les intérêts me sont confiés. Dans une dizaine d'années les enfants Corbet, devenus des hommes, reviendront peut-être dans ce pays qui fut celui de leurs ancêtres. Mon vœu est qu'ils y retrouvent intactes, non-seulement leur fortune, mais les sympathies et l'estime dont leur famille fut toujours entourée. C'est sous l'empire de ces sentiments qu'aujourd'hui je m'adresse à l'opinion publique afin de l'éclairer sur des faits qu'on lui avait dissimulés ou inexactement racontés. J'espère qu'il m'aura suffi de la mettre en garde pour l'empêcher de s'égarer.

Je dois ajouter que je communiquerai à quiconque voudrait les examiner les pièces à l'appui de tout ce que j'avance.

Enfin, si les personnes visées par cet écrit voulaient essayer de me contredire, je suis à leur disposition pour les entendre et leur répondre dans une réunion publique dont je prendrai au besoin l'initiative.

Outines, 25 Septembre 1888.

P. PERROCHE.

Vitry Imp. F.-V Bitsch.